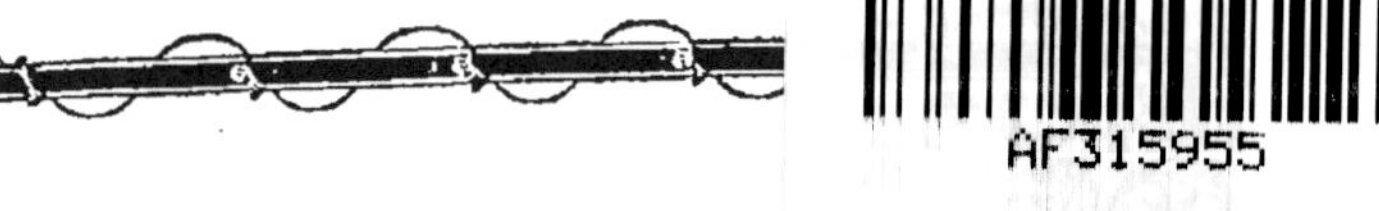

LA VÉRITÉ

SUR L'ÉTAT, LES INTÉRÊTS, LES BESOINS

DE LA VILLE

DE SAINT-DIDIER-LA-SÉAUVE

ET DE SON INDUSTRIE,

A propos des préjudices que doit apporter à l'Industrie rubanière de cette ville la Rectification de la route départementale n° 82 de la Séauve à Pont-Salomon, en suivant le cours de la rivière de la Semène.

PAR JACQUES TAVEAU,

ANCIEN FABRICANT DE RUBANS A SAINT-ÉTIENNE, COMMIS NÉGOCIANT
A SAINT-DIDIER-LA-SÉAUVE.

38

Ne jugez pas sur les apparences, mais
jugez selon la justice.
SAINT JEAN, ch. 7, v. 24.

A SAINT-DIDIER-LA-SÉAUVE, CHEZ L'AUTEUR.

SAINT-ÉTIENNE,

IMPRIMERIE ADMINISTRATIVE ET COMMERCIALE DE THÉOLIER AÎNÉ.

Septembre 1853.

LA VÉRITÉ

SUR L'ÉTAT, LES INTÉRÊTS, LES BESOINS

DE LA VILLE

DE SAINT-DIDIER-LA-SÉAUVE

ET DE SON INDUSTRIE,

A propos des préjudices que doit apporter à l'Industrie rubanière de cette ville la Rectification de la route départementale n° 82 de la Séauve à Pont-Salomon, en suivant le cours de la rivière de la Semène.

PAR JACQUES TAVEAU,

ANCIEN FABRICANT DE RUBANS A SAINT-ÉTIENNE, COMMIS NÉGOCIANT
A SAINT-DIDIER-LA-SÉAUVE.

> Ne jugez pas sur les apparences, mais
> jugez selon la justice.
> SAINT JEAN, ch. 7, v. 24.

A SAINT-DIDIER-LA-SÉAUVE, CHEZ L'AUTEUR.

SAINT-ÉTIENNE,

IMPRIMERIE ADMINISTRATIVE ET COMMERCIALE DE THÉOLIER AÎNÉ.

Septembre 1853.

LA VÉRITÉ

SUR L'ÉTAT, LES INTÉRÊTS, LES BESOINS

DE LA VILLE

DE SAINT-DIDIER-LA-SÉAUVE

ET DE SON INDUSTRIE,

A PROPOS DES PRÉJUDICES QUE DOIT APPORTER A L'INDUSTRIE RUBANIÈRE DE CETTE VILLE, LA RECTIFICATION DE LA ROUTE DÉPARTEMENTALE N° 82, DE LA SÉAUVE A PONT-SALOMON EN SUIVANT LE COURS DE LA RIVIÈRE DE LA SEMÈNE.

Depuis quelques jours, j'entends les plaintes amères, les récriminations plus ou moins acerbes qui circulent de tout côté dans notre petite et vieille ville de Saint-Didier, dès qu'on y a su que la rectification de la route départementale qui la traverse était une affaire arrêtée au Conseil général du département, à la demande d'un de ses membres, Monsieur Théodore Veron, notre honorable maire.

Habitué que je suis à voir la clameur publique s'élever le plus souvent à propos de sujets de nulle importance — je me suis informé des motifs qui avaient amené cette décision de l'autorité départementale.

Grande a été ma surprise quand j'ai appris que notre honorable maire l'avait obtenue en prétendant que, sans cette rectification, il en serait fait sous peu de l'industrie rubanière à Saint-Didier. — Selon les prévisions (je pourrais dire les prédictions) de Monsieur Théodore Veron, il ne se produira bientôt plus de rubans que par le moyen de grands ateliers où les métiers sont mûs par l'eau. — Le lit de la Semène doit et peut seul sauvegarder l'industrie de la commune. — Grâce à sa sagacité, il va retenir la rubanerie qui, bien qu'acclimatée depuis trois siècles dans nos montagnes, est prête, si l'on en croit Monsieur Veron, à s'envoler l'on ne sait où. — Vite une route qui longe la rivière de la Séauve à Pont-Salomon, car c'est dans ces gorges affreuses que doit désormais se réfugier cette industrie !

Si tel devait être le sort de la rubanerie dans notre canton, la population entière devrait voter des remerciements bien sincères à son représentant au Conseil général, dont la vue perçante aurait conjuré un si grand malheur.

Mais comment se fait-il que notre honorable maire soit le seul homme dans tout le canton qui ait ces vues sur le triste sort de la rubanerie parmi nous, quand tout accuse ses envahissements et ses progrès ? Comment se ferait-il que Monsieur Veron, étranger à la rubanerie, soit plus éclairé sur les révolutions prévues de cette industrie, que tant d'hommes pratiques, tant de fabricants habiles et éclairés que possède la ville de Saint-Etienne, qui sont loin d'avancer, sur le sort de la rubanerie dans les montagnes, les assertions fausses à l'aide desquelles il a obtenu, dit-on, cette rectification, l'objet de ses désirs ?

Tout le monde ici s'accorde à croire et à dire que Monsieur Veron n'a pas parlé, en cette circonstance, selon ses convictions, mais qu'il s'est servi de cette assertion paradoxale comme d'un moyen sûr pour obtenir ce qu'il désirait si ardemment : — Une route pour desservir son usine ! — Oui, toute notre population répète à satiété que notre honorable maire est trop éclairé pour croire à la ruine prochaine de l'industrie de notre ville, mais qu'à l'exemple de tant d'autres, il a voulu servir ses intérêts particuliers au détriment des intérêts généraux de sa bonne ville de Saint-Didier.

Pour moi, je ne puis me décider à croire Monsieur Veron coupable d'une telle faiblesse. — Je reconnais en lui un magistrat intègre et éclairé, un homme de cœur et d'action, un industriel habile ; mais je pense que, doué d'une imagination vive et brillante, amateur passionné de la nouveauté en industrie, il aura vu dans l'édification de la fabrique de rubans de M. Colcombel, à la Séauve, une révolution opérée dans le mode de production de la rubanerie, et qu'épris de cette idée, il a cru sérieusement que cette industrie allait toute se poser *le long de la Semène*.

Ce n'est pas la première fois que des hommes, d'ailleurs recommandables, s'éblouissent dans des questions où leurs intérêts personnels se trouvent mêlés à des intérêts publics, — la pente devient alors glissante, et il est très facile de tomber dans de lourdes erreurs, et de payer ainsi de la meilleure foi du monde sa dette à l'infirmité humaine.

Pour jeter quelques lumières dans cette question si palpitante d'intérêt pour notre canton, je prétends démontrer : 1º Que la fabrication des rubans, par le moyen de grandes fabriques sur la Semène, doit éprouver de grandes difficultés dans notre commune ; 2º que ce mode de fabrication, dût-il réussir et se développer parmi nous, ne porterait aucun préjudice à l'industrie rubanière, telle qu'elle est organisée dans nos montagnes ; 3º que la rectification de la route le long de la Semène serait très préjudiciable aux grandes fabriques qui peuvent s'y établir ; 4º que cette rectification serait la ruine de Saint-Didier ; 5º quelle serait la seule rectification de route utile à toutes les populations disséminées sur la ligne de Tence à Saint-Etienne, et quels sont les vrais intérêts, les vrais besoins de la ville de Saint-Didier et de son industrie.

En dehors de tout intérêt privé, en dehors de toute coterie, mon amour pour le vrai et le juste, le désir d'être utile au pays que j'habite depuis déjà longtemps, sont les seuls motifs qui me décident en cette occasion à sortir de l'obscurité qui devrait toujours être mon partage.

Puisse ce faible essai servir à éclairer l'administration départementale et nous préserver des préjudices notables qui résulteraient pour notre ville, pour tout notre rayon rubanier, de cette malencontreuse rectification de route !

I.

C'est un principe certain que le caractère particulier d'une population est chose difficile à refondre et à réformer. Tous les hommes sérieux se sont moqués des rêveries des communistes qui croyaient facile d'amener la société sous un régime unitaire, de la faire fonctionner comme une machine, de la faire marcher comme un général fait marcher une armée disciplinée. Eh bien, c'est avoir la même présomption, ou peu s'en faut, que de croire qu'une population comme la nôtre, qui aime avant tout sa liberté d'action, va se plier, sans regimber, à la discipline nécessaire, au maintien de l'ordre que demande une grande fabrique, où il faudra entrer et sortir du travail au son de la cloche.

Prenez cent ouvriers habitués à travailler librement, à laisser le métier pendant quelques jours quand arrive la saison des foins pour aller aider leurs parents ou amis ; — habitués à faire leurs pommes de terre, habitués à fêter carnaval, tout comme à faire les stations de la Semaine Sainte ; à aller faire un tour de foire, bien qu'ils n'aient aucune acquisition à y faire, etc., etc., et par opposition, se livrant parfois à un travail immodéré, veillant très tard, se levant de grand matin ; — eh bien ! fermez ces cent ouvriers dans une grande fabrique ; faites-leur gagner plus qu'ils ne gagnent en travaillant sur leurs métiers, soit comme maîtres, soit comme ouvriers *compagnons* ; donnez-leur une nourriture plus saine et plus abondante que celle qu'ils avaient ci-devant ; logez-les plus chaudement, couchez-les moins durement ; — je vous assure d'avance qu'ils auront bientôt déserté le grand atelier à cause de la monotone régularité de la discipline à observer.

Mais vous me direz peut-être : on fera des apprentis recrutés au loin, qui se formeront et se plieront sans peine à nos usages. — Oui, des apprentis qui vous lâcheront dès qu'ils seront capables ; car, prenez-y garde, le moindre contact de votre personnel avec la population extérieure sera un contact de pestilence qui réveillera en lui son amour pour sa liberté d'action.

Et puis, il est plus difficile de former des rubaniers que de dresser des *saumes* (1) pour un moulinage en soie ; bien que vos métiers, mus par l'eau, épargnent les forces physiques de l'ouvrier, vous avez besoin, quand même, d'en avoir de bons, d'habiles et délicats ; or, c'est ce qui sera toujours difficile à obtenir dans nos localités, je le crois, tant qu'existera le mode actuel de fabrication.

Cet amour pour la liberté d'action dans le travail, qui distingue la population de notre canton et celle de tout le département de la Haute-Loire, en général, n'existe pas partout, je le sais. C'est pourquoi je pense que les fabricants entichés de l'idée de produire par le moyen d'une grande fabrique, feraient mieux d'aller les élever parmi les populations habituées de longue main à travailler groupées dans de grands ateliers que de venir les poser sur *la Semène*. Allez en Alsace, dans certaines contrées du Nord, peut-être en Dauphiné ou ailleurs ; mais ne venez pas témérairement au milieu d'une population qui, par suite d'habitudes héréditaires, inhérentes au sol, se montrera, soyez-en sûr, mutine et rebelle.

C'est pourquoi je pense que la fabrique qui se construit en ce

(1) Nom que l'usage donne aux ouvrières travaillant dans les fabriques d'ouvraisons de soie.

moment à la Séauve, et les quelques autres qui peuvent s'élever le long de la Semène rencontreront de graves difficultés, à l'encontre du sujet que je traite ici.

Pour croire le contraire, j'attends que l'expérience vienne me démentir. Quand je considère les difficultés, les obstacles que ce mode de fabrication a toujours rencontrés sur toute l'étendue du rayon rubanier, chaque fois qu'il a été tenté, il m'est bien permis d'hésiter à me rendre à l'opinion des hommes qui croient tout possible.

Il y a vingt ans au moins qu'un homme recommandable, feu M. Hippolyte Royet, essaya de ce système dans sa propriété de l'abbaye de la Séauve ; toute notre population a été témoin de son insuccès.

Dans ma jeunesse, je l'ai vu essayer par d'honorables maisons de Saint-Etienne, qui n'y furent pas heureuses non plus. — L'on connaît un peu les embarras qu'éprouve la seule grande fabrique qui existe, celle du Bourg-Argental, malgré la puissance d'action de ses propriétaires. — D'où l'on peut conclure que, jusqu'à présent, on ne saurait citer l'exemple d'une grande fabrique ayant présenté un avantage sérieux à son propriétaire.

Donc la révolution rubanière, qu'on nous prédit comme un fait prêt à s'accomplir, n'a encore rien de sérieux, rien qui en prélude l'exécution.

Alors rectifier une route dans la vue et la conviction de ce revirement dans cette industrie, c'est, qu'on me passe l'expression, acheter un chapeau pour un enfant qui n'est pas né.

J'aurais beaucoup de choses à dire, de réflexions à faire sur les inconvénients de ce mode de production ; mais comme j'en ai déjà fait part au monde industriel dans deux opuscules publiés précédemment, pour éviter d'être long, j'y renvoie le lecteur (1).

______

(1) Voyez le travail intitulé : *Notice historique, statistique et critique sur l'état de l'industrie rubanière en Angleterre*, publié par le journal

II.

Mais supposons que ces grandes fabriques qui préoccupent si fort l'imagination vive de l'honorable membre du Conseil général que je combats ici, doivent réussir aussi parfaitement parmi nous que celles que j'ai eu le loisir de voir et d'étudier pendant trois ans à Coventry (Angleterre) ; supposons que toutes les prises d'eau de la Semène soient utilisées pour des fabriques de rubans : pensez-vous que de l'application de ce nouveau mode de production, il doive s'en suivre quelque dérangement pour l'ancien système de fabrication, celui établi parmi nous, où l'ouvrier maître rubanier est propriétaire des métiers ? — Loin de nous une telle pensée ! Les petits articles que nous fabriquons en montagne au métier de Barre ne deviendront jamais l'objet de l'ambition des manufacturiers propriétaires de grands ateliers ; et si jamais quelqu'un d'eux en tentait l'essai, il ne tarderait pas à reconnaître la vérité de ce que j'ai avancé dans un des écrits déjà indiqués : *qu'il n'y a pas de fabrique mue par la vapeur ou par l'eau qui puisse lutter contre le rubanier montagnard habitué à son pain noir et à ses pommes de terre* (1)

La rubanerie stéphanoise est loin d'être arrivée à son apogée,

l'*Industrie* de Saint-Etienne, n°ˢ des 22, 23, 24 et 26 septembre 1852. — Voyez aussi dans le même journal, n°ˢ des 1er et 3 février 1853, un opuscule ayant pour titre : *l'Exactitude de la Notice de Jacques Taveau, sur la rubanerie anglaise démontrée*. Le lecteur trouvera dans ces deux petits écrits, qui furent favorablement accueillis de la presse industrielle de Paris et des départements, des réflexions utiles sur le sujet qui nous occupe.

(1) On pourrait facilement prouver la vérité de cette assertion par la logique des chiffres. Nous avons une nombreuse catégorie d'ouvriers et d'ouvrières en rubans dont les gains n'excèdent pas ceux de l'ouvrière en dentelle, dont tout le monde connaît l'exiguité. Que peuvent les grands ateliers contre cette nombreuse partie de nos ouvriers?

comme chiffre de production ; elle peut élever un grand nombre de grandes fabriques ; le champ est assez vaste pour qu'elle les fasse fonctionner, tout en laissant au mode actuel de production de nouveaux développements à prendre, de nouveaux envahissements à gagner.

C'est principalement sur les rubans spéciaux, que l'incurie des fabricants de Saint-Etienne a laissé aller en Suisse, que nos manufacturiers édificateurs de grands ateliers doivent porter et portent avec raison leurs regards. Il y a là pour eux de nobles efforts à tenter, de nombreux et productifs articles à reconquérir, un vaste champ à exploiter, une ample moisson à faire !!!

Donc, si rien ne nous prélude les pertes et les défaillances prochaines de notre industrie, telle que nous la pratiquons, pourquoi prendre des mesures comme si nous devions bientôt assister à ses funérailles ?

Sans être prophète, ni fils de prophète, je vous assure, nombreux ouvriers travaillant au métier dit *Pimpan*, que vous n'avez rien à craindre des fabriques mues par l'eau. Je donne la même assurance à nos nombreuses et intéressantes ouvrières en *Basse-Lice*.

III.

Voulez-vous que la fabrique qui est en construction à la *Séauve*, que celle qui est un peu plus bas au *Bouchet*, ne soient pas longtemps seules ? Voulez-vous engager d'honorables et riches fabricants de Saint-Etienne à venir faire des acquisitions de prise d'eau le long de Semène ? Arrêtez-vous dans vos projets de rectification de route. Car, faites-y bien attention, ces grandes entreprises industrielles aiment la retraite et le silence ; elles ont besoin, pour réussir, d'être isolées loin du tumulte du monde, loin du mouvement d'une route départementale.

Voyez ces religieux si savants, philosophes si profonds, la gloire de leur siècle et l'admiration des générations suivantes :

un saint Bernard, abbé de Clairvaux, et (pour prendre un exemple plus près de nous) un saint Robert de la Chaize-Dieu. Comme ils avaient soin de poser les nombreux monastères qu'ils édifiaient dans des solitudes profondes? L'abbaye de la Séauve en est une preuve. C'est que ces habiles administrateurs et réformateurs avaient compris que, pour policer et réformer sous l'empire d'une règle commune un certain nombre de personnes, le silence de la solitude avait un grand pouvoir sur les âmes.

O vous, qui pensez à construire de grands ateliers, songez que, pour réussir sans peine parmi nous, vous auriez besoin de les peupler d'un personnel qui possédât les vertus des anciens cénobites. Et où trouver aujourd'hui, au milieu de notre civilisation délirante et corrompue, un tel personnel? Eh bien! au moins, prenez quelques-unes des mesures que prenaient jadis les fondateurs de monastères. Eloignez vos ateliers et vos usines des grandes routes ; ensevelissez-les dans des solitudes profondes, dans les déserts les plus escarpés.

Je ne serais pas étonné de voir sourire de pitié quelques-uns de ces industriels superbes qui, ne doutant de rien, se moqueront de me voir émettre de pareilles idées. Eh bien! je voudrais les voir eux-mêmes, si leurs usines étaient placées, je ne dis pas dans un grand centre, mais seulement à Saint-Didier, et que *Carnaval*, vienne avec son séculaire tambour et son fifre indispensable faire des gambades autour de l'atelier.

Pour prouver par des faits que mes idées là-dessus sont plus solides qu'elles ne le paraissent de prime-abord, combien est-il commun de voir, soit en France, soit ailleurs, de vieux couvents, de vieilles abbayes, convertis en usines et en ateliers, à la grande satisfaction des propriétaires.

J'ai toujours vu à Coventry les grands ateliers à l'écart des quartiers tumultueux de la ville, et l'entrée en est aussi bien défendue que celle des couvents des religieuses cloitrées.

Ce que je vois encore sous mes yeux, c'est que, des quelques usines qui existent sur Semène, un seul propriétaire paraît enthousiaste pour la route, quand tous les autres se montrent indifférents.

IV.

Non-seulement cette rectification de route serait nuisible à l'avenir du cours de la Semène, mais elle serait par-dessus tout la ruine de Saint-Didier. Et, de bonne foi, que peut être un chef-lieu de canton qui n'est pas traversé par une route départementale ? Un chef-lieu qui n'est plus un passage, une halte pour le voyageur ? Rien, sinon un bourg isolé destiné à traverser les années et les siècles sans espoir d'amélioration aucune ; une localité où la routine s'érige tranquillement un autel, où elle régnera toujours paisible sous l'égide de la misère ; une commune où le commerce et les affaires languissent et s'éteignent. — Otez à Saint-Didier sa route, sa diligence, son bureau de poste, et alors la partie vitale de cette ville sera obligée d'émigrer à la Séauve pour échapper à une ruine complète. Ce sera là que se formera le nouveau Saint-Didier ; mais ce nouveau Saint-Didier incommodera et chagrinera les grands ateliers que vous cherchez à y attirer, et rien de bon, rien d'avantageux, ne sortira de ce nouvel ordre de choses.

Laissez Saint-Didier où il est ; ne l'isolez pas, car si vous l'isolez, non-seulement son commerce émigrera, mais les seuls ouvriers qui y resteront seront sans vie dès qu'ils seront sans route. Le fabricant de Saint-Etienne qui vient les visiter ne viendra plus dès que la diligence le débarquera à la Séauve : il ira plutôt visiter Saint-Pal et Sainte-Sigolène que de venir ici par une marche rétrograde et toute gauche.

Saint-Didier est assez important pour mériter quelque attention. Vous voyez que depuis peu il semble vouloir se relever de ses ruines. C'est depuis peu qu'il redresse, quoique lentement, les vieilles façades de ses constructions vermoulues ; que les besoins incessants de la rubanerie y perce des fenêtres propres à recevoir des métiers. C'est depuis peu que, par une influence venue de Saint-Just-Malmont, la variation dans les produits qu'il fabrique lui arrive et s'y fait jour. Laissez-lui donc sa route, qui lui rend ses communications avec Saint-Just plus faciles. Ces deux communes sont sœurs ; elles se prêtent mutuellement la main ; ne soyez pas si barbare que de les séparer. — C'est depuis peu que l'ouvrier de Saint-Didier habile, intelligent, soigneux, commence de rompre les langes de la misère qui le tenaient lié, momifié comme Lazare au fond de son sépulcre. — C'est depuis peu que la propriété locale y a tiercé de valeur, que sa population s'y accroit, que les nombreuses et annuelles émigrations de ses enfants à Saint-Étienne se sont arrêtées, que les logements ont doublé de valeur, que la nécessité de nouvelles constructions s'y fait sentir, que son commerce local prospère et fleurit, que l'ouvrier de ville peut manger de la viande et du pain blanc, qu'il a pu quitter l'habit de bure et le sabot classique, pour prendre une allure qui, bien que modeste, accuse une certaine aisance. — C'est depuis peu qu'on sent de tous côtés le besoin d'être mieux logé, mieux meublé, mieux organisé pour le travail. — C'est depuis peu que Saint-Didier semble ressusciter, et vous voudriez étouffer cette vie, ce progrès, ces préludes d'agrandissement et de transformation dont il a tant besoin ! ! !

V.

Une rectification de route vraiment désirable, utile, avantageuse à toute la population disséminée sur la ligne de Tence à Saint-Étienne, ce serait celle qui, en quittant la route actuelle aux limites sud-est de la commune de Saint-Didier, suivrait les collines à l'est de cette ville, passerait par Saint-Just-Malmont, tournerait au-dessous de Malmont et rejoindrait dans les plaines du Chambon, le tout par une pente douce comme on sait faire les tracés de route aujourd'hui. Ce serait là la rectification vraiment profitable à tous, nous rapprochant tous de Saint-Etienne, évitant la malencontreuse côte de Saint-Ferréol, qui nous rend si loin de Saint-Etienne, ou plutôt la grande ville si loin de nous. C'est en rendant le parcours de nos localités à cette opulente cité, la mamelle nourricière de nos cantons, sûr, facile, direct, aisé, que vous jetterez parmi nous la vie, l'aisance et le bien-être. C'est en rendant les rapports entre les ouvriers rubaniers et les fabricants plus faciles, que vous ferez fleurir l'industrie. Alors elle grandira, alors elle progressera, à la grande satisfaction des négociants de Saint-Etienne qui font des vœux pour cela.

Voyez la commune de Saint-Just-Malmont qui ne possède des métiers de barre que de fraîche date, quel développement elle a pris depuis quelques années ! Comme le bien-être et l'aisance s'y font jour de tout côté. Voyez les nombreuses constructions que les ouvriers rubaniers y élèvent chaque année. Expliquez-moi cette résurrection, opérée de nos jours et sous nos yeux dans cette commune ? N'est-ce pas un fait certain, que Saint-Just se trouvant plus à proximité de Saint-Etienne que Saint-Didier, il se trouve beaucoup plus visité par les fabricants stéphanois que ne l'est notre ville. De ce contact, entre le rubanier de Saint-Just et le fabricant de Saint-Etienne, il en est ressorti que l'ouvrier de Saint-Just a progressé dans son art, qu'il s'est procuré un logement plus convenable, des métiers plus perfectionnés, et par conséquent s'est trouvé en position de faire un travail mieux payé que l'ouvrier de Saint-Didier, qui est plus isolé, plus délaissé, tranchons le mot, plus enfoncé dans la misère.

La rectification dont nous parlons nous lierait d'une manière plus directe avec Saint-Etienne ; elle nous rapprocherait beaucoup de nos fabricants, elle lierait davantage Saint - Just à Saint Didier. — Saint-Pal, Sainte-Sigolène et toutes les communes qui fabriquent des rubans, et dont Saint-Didier est le centre, une sorte de métropole, en ressentiraient l'heureuse influence ; et les voitures venant de Tence, de Montfaucon ou d'ailleurs, y trouveraient une amélioration sensible, tandis que la rectification que vous allez opérer ne sera qu'un rhabillage incomplet, la canonisation, la sanction d'une vieille erreur, celle d'avoir toujours la malencontreuse côte de Saint-Ferréol à gravir.

De quel côté qu'on envisage ce projet de rectification, on le trouve, ou incomplet, ou nuisible, soit aux intérêts généraux, soit aux intérêts privés de nos localités.

Laissez-nous donc notre route, ou rectifiez-la dans le sens indiqué ; car c'est par elle et avec elle que nous verrons notre ville se régénérer sous peu, comme s'est régénéré le bourg Saint-Just. Tout nous fait espérer de voir s'opérer très prochainement cette heureuse transformation au prélude de laquelle nous assistons.

Laissez tranquilles les grands ateliers, laissez-les seuls s'élever le long de la Semène, dans le silence de cette solitude. S'ils réussissent, ils seront un puissant auxiliaire qui appellera une population nombreuse sans gêner les mouvements actuels de notre industrie. — Les industriels si riches qui s'y sont posés, ceux qui s'y poseront, sauront bien se frayer des chemins à leurs frais pour desservir leurs manufactures. Ne vous occupez pas d'eux, ce serait peut-être les éloigner que de se montrer si empressé de les attirer.

J'ai visité plusieurs fois, en Angleterre, une petite ville, dans une position tout-à-fait identique à celle de Saint-Didier, c'est Nuanéton, qui se trouve à 10 milles de distance de Coventry. Tout le monde sait que cette ville est, pour les rubans, le Saint-Etienne de l'Angleterre. — Les anciens fabricants coventroyens venaient à Nuanéton pour la fabrication des rubans basse-lice. C'était un misérable bourg composé de masures couvertes de chaume. Cette pauvre population n'avait aucune route pour communiquer avec Coventry ; plus tard, il s'en ouvrit une. Bientôt des services de voitures publiques s'établirent et y circulèrent. Dès lors les fabricants de Coventry visitèrent plus souvent cette pauvre commune. — A la basse-lice se joignirent les métiers à plusieurs pièces ; plus tard encore huit grands ateliers à la vapeur s'y sont élevés, ils y fonctionnent sans nuire aux ouvriers propriétaires de leurs métiers. En moins de vingt ans, Nuanéton est devenu une ville neuve peuplée de douze mille âmes ; ses mâsures en ruines ont fait place à de jolies et coquettes constructions ; ses rues, tortueuses et étroites, se sont élargies et redressées ; ses places, ses temples, tout y annouce l'aisance d'une population heureuse.

Voilà ce que peuvent les routes ! voilà ce que pourrait pour nous une bonne rectification ! Ne soyez donc pas si aveugles que de nous enlever celle que nous avons, bien qu'elle laisse beaucoup à désirer.

Puisse cet essai rapide et incomplet appeler l'attention des hommes qui tiennent en main les rênes de l'administration départementale, et servir à arrêter le mal avant qu'on ait commencé contre nous cette œuvre de destruction !

ST-ÉTIENNE, IMP. ADMINISTRATIVE ET COMMERCIALE DE THÉOLIER AÎNÉ.